Impressum
Verlag: BABADADA GmbH, Nedderfeld 112 , 22529 Hamburg
Geschäftsführer / Verlagsleitung: Harald Hof
Druck: Books on Demand GmbH, In de Tarpen 42, 22848 Norderstedt

Imprint
Publisher: BABADADA GmbH, Nedderfeld 112 , 22529 Hamburg, Germany
Managing Director / Publishing direction: Harald Hof
Print: Books on Demand GmbH, In de Tarpen 42, 22848 Norderstedt, Germany

trường học
სკოლა

chia
გაყოფა
186/2
bảng viết
დაფა
sân trường
სკოლის ეზო
giáo viên
მასწავლებელი
giấy
ქაღალდი
viết
წერა
cây bút
კალამი
bàn làm việc
მაგიდა
cây thước
სახაზავი
sách
წიგნი
học sinh
მოსწავლე

cặp đeo vai học sinh
ზურგჩანთა

hộp đựng bút
პენალი

bút chì
ფანქარი

cái gọt bút chì
ფანქრების სათლელი

cục tẩy
საშლელი

tập giấy vẽ
ნახატების ალბომი

2 trường học - სკოლა

bản vẽ

ნახატი

cọ vẽ

ფუნჯი

hộp mực vẽ

საღებავის ყუთი

cây kéo

მაკრატელი

keo dán

წებო

sách bài tập

სავარჯიშო რვეული

bài tập ở nhà

საშინაო დავალება

12

số

ნომერი

2+2

cộng

დამატება

5-2

trừ

გამოკლება

2×2

nhân

გამრავლება

tính toán

გამოთვლა

A

chữ cái

წერილი

ABCDEFG HIJKLMN OPQRSTU VWXYZ

bảng chữ cái

ანბანი

hello

từ

სიტყვა

văn bản

ტექსტი

đọc

წაკითხვა

phấn viết

ცარცი

bài học

გაკვეთილი

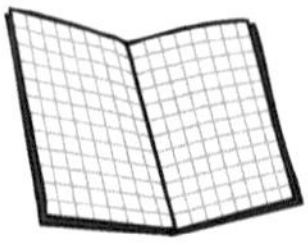

sổ lớp

რეგისტრაცია

thi kiểm tra

გამოცდა

chứng chỉ

სერტიფიკატი

đồng phục học sinh

სკოლის ფორმა

giáo dục

განათლება

từ điển bách khoa

ენციკლოპედია

đại học

უნივერსიტეტი

kính hiển vi

მიკროსკოპი

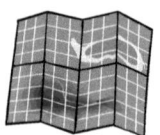

bản đồ

რუქა

thùng rác giấy

კალათა ნარჩენი
ქაღალდებისათვის

khách sạn
სასტუმრო

Grand

nhà trọ
ჰოსტელი

ROOMS

quầy đổi tiền
ვალუტის გადაცვლის პუნქტი

EXCHANGE

va li
ჩემოდანი

xe ô tô
მანქანა

ngôn ngữ
ენა

có / không
კი / არა

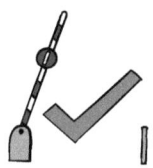

ô kê
კარგი

Xin chào
გამარჯობა

thông dịch viên
მთარგმნელი

cám ơn
გმადლობთ

... bao nhiêu tiền?

რა ღირს... ?

tôi không hiểu

ვერ გავიგე

vấn đề

პრობლემა

Xin chào! (buổi tối)

ალამო მშვიდობისა!

xin chào! (buổi sáng)

დილა მშვიდობისა!

chúc ngủ ngon!

ღამე მშვიდობისა!

tạm biệt

ნახვამდის

hướng đi

მიმართულება

hành lý

ბარგი

túi xách

ჩანთა

túi ba lô

ზურგჩანთა

khách

სტუმარი

phòng

ოთახი

túi ngủ

საძილე ტომარა

lều

კარავი

thông tin du lịch

ტურისტული ინფორმაცია

bãi biển

სანაპირო

thẻ tín dụng

საკრედიტო ბარათი

ăn sáng

საუზმე

ăn trưa

ლანჩი

ăn tối

ვახშამი

vé xe

ბილეთი

thang máy

ლიფტი

tem bưu điện

საფოსტო მარკა

biên giới

საზღვარი

hải quan

საბაჟო

đại sứ quán

საელჩო

thị thực

ვიზა

hộ chiếu

პასპორტი

vận chuyển
ტრანსპორტი

máy bay
თვითმფრინავი
tàu thủy
გემი
xe cứu hỏa
სახანძრო მანქანა
xe buýt
ავტობუსი
xe tải
სატვირთო მანქანა
xuồng máy
მოტორიზებული ნავი
xe ô tô
მანქანა
xe đạp
ველოსიპედი

phà
ბორანი

xuồng
ნავი

xe máy
მოტოციკლი

xe cảnh sát
პოლიციის მანქანა

xe đua
სარბოლო მანქანა

xe cho thuê
დაქირავებული მანქანა

dịch vụ thuê xe tự lái
მანქანის ერთობლივი
მოხმარება

xe kéo cứu hộ
საბუქსირე მანქანა

xe rác
ნაგვის მანქანა

động cơ
ძრავა

xăng
საწვავი

trạm xăng
ბენზინგასამართი სადგური

biển báo giao thông
საგზაო ნიშანი

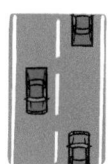

giao thông
მოძრაობა

ách tắc giao thông
საცობი

bãi đậu xe
მანქანის სადგომი

nhà ga
მატარებლის სადგური

đường ray
ლიანდაგები

xe lửa
მატარებელი

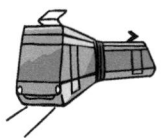

tàu điện
ტრამვაი

toa xe
ვაგონი

máy bay trực thăng

ვერტმფრენი

sân bay

აეროპორტი

tháp

კოშკი

hành khách

მგზავრი

côngtenơ

კონტეინერი

thùng các-tông

მუყაოს ყუთი

xe đẩy

ურიკა

cái giỏ

კალათა

cất cánh / hạ cánh

აფრენა / დაშვება

thành phố

ქალაქი

làng

სოფელი

trung tâm thành phố

ქალაქის ცენტრი

nhà

სახლი

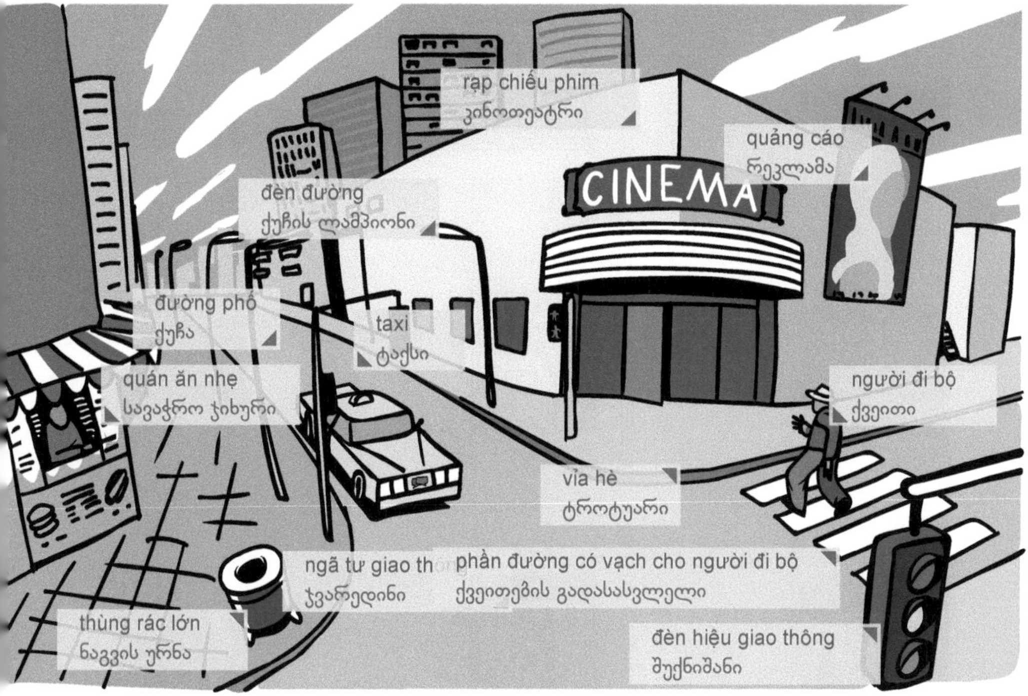

rạp chiếu phim
კინოთეატრი
quảng cáo
რეკლამა
CINEMA
đèn đường
ქუჩის ლამპიონი
đường phố
ქუჩა
taxi
ტაქსი
quán ăn nhẹ
სავაჭრო ჯიხური
người đi bộ
ქვეითი
vỉa hè
ტროტუარი
ngã tư giao th
ჯვარედინი
phần đường có vạch cho người đi bộ
ქვეითების გადასასვლელი
thùng rác lớn
ნაგვის ურნა
đèn hiệu giao thông
შუქნიშანი

nhà chòi

ქოხი

căn hộ

ბინა

nhà ga

მატარებლის სადგური

tòa thị chính

მუნიციპალიტეტი

viện bảo tàng

მუზეუმი

trường học

სკოლა

đại học

უნივერსიტეტი

ngân hàng

ბანკი

bệnh viện

საავადმყოფო

khách sạn

სასტუმრო

hiệu thuốc

აფთიაქი

văn phòng

ოფისი

hiệu sách

წიგნების მაღაზია

cửa hiệu

მაღაზია

cửa hiệu bán hoa

ფლორისტი

siêu thị

სუპერმარკეტი

chợ

ბაზარი

cửa hàng bách hóa

მაღაზიის განყოფილება

người bán cá

თევზის გამყიდველი

trung tâm mua bán

სავაჭრო ცენტრი

bến cảng

ნავსადგომი

công viên
პარკი

ghế băng
გრძელი სკამი

cầu
ხიდი

cầu thang
კიბეები

tàu điện ngầm
მიწისქვეშა გადასასვლელი

đường hầm
გვირაბი

trạm xe buýt
ავტობუსის გაჩერება

quán bar
ბარი

khách sạn
რესტორანი

hòm thư công cộng
საფოსტო ყუთი

bảng hiệu đường
ქუჩის ნიშანი

đồng hồ đậu xe
პარკინგის საზომი

vườn bách thú
ზოოპარკი

bể bơi
საცურაო აუზი

nhà thờ Hồi giáo
მეჩეთი

nông trại

ფერმა

ô nhiễm môi trường

გარემოს დაბინძურება

nghĩa trang

სასაფლაო

nhà thờ

ეკლესია

sân chơi

საბავშვო მოედანი

ngôi đền

ტაძარი

phong cảnh

ლანდშაფტი

lá cây
ფოთოლ
ი
bảng chỉ đường
გზის მანიშნებელი ნიშანი
lối đi
გზა
bãi cỏ
მდელო
hòn đá
ქვა
người đi bộ đường dài
მოგზაური
cây
ხე
sông
მდინარე
cỏ
ბალახი
bông hoa
ყვავილი

thung lũng
ხეობა

đồi
გორაკი

hồ nước
ტბა

rừng
ტყე

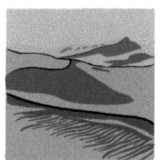

sa mạc
უდაბნო

núi lửa
ვულკანი

lâu đài
ციხე

cầu vồng
ცისარტყელა

nấm
სოკო

cây cọ
პალმა

con muỗi
კოღო

con ruồi
ბუზი

con kiến
ჭიანჭველა

con ong
ფუტკარი

con nhện
ობობა

bọ cánh cứng

ხოჭო

con ếch

ბაყაყი

con sóc

ციყვი

con nhím

ზღარბი

con thỏ

კურდღელი

con cú

ბუ

con chim

ფრინველი

thiên nga

გედი

heo rừng

ტახი

con hươu

ირემი

nai sừng tấm

ცხენ-ირემი

đê

კაშხალი

tuabin gió

ქარის ტურბინა

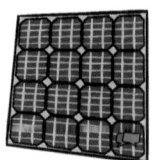

tấm năng lượng mặt trời

მზის ბატარეა

khí hậu

კლიმატი

bồi bàn
მიმტანი
thực đơn
მენიუ
ghế
სკამი
súp
სუპი
bánh pizza
პიცა
khăn trải bàn
მაგიდაზე გადასაფარებელი
bộ dao nĩa ăn
დანა-ჩანგალი

món ăn khai vị

საუზმე

món ăn chính

მთავარი კერძი

món tráng miệng

დესერტი

thức uống

დასალევი

thức ăn

საჭმელი

cái chai

ბოთლი

thức ăn nhanh

სწრაფი კვება

thức ăn đường phố

ქუჩის საჭმელი

ấm trà

ჩაიდანი

hộp đường

საშაქრე

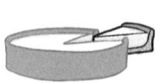

khẩu phần

პორცია

máy pha espresso

ესპრესოს მანქანა

ghế cao

მაღალი სკამი

hóa đơn

ანგარიში

khay

ლანგარი

dao

დანა

nĩa

ჩანგალი

thìa

კოვზი

thìa uống trà

ჩაის კოვზი

khăn ăn

ხელსახოცი

cốc thủy tinh

ჭიქა

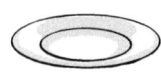

đĩa

თეფში

đĩa súp

სუპის თეფში

đĩa lót cốc

ჩაის ლამბაქი

nước sốt

საწებელი

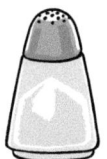

lọ muối

სამარილე

cái xay tiêu

წიწაკის საფქვავი

giấm

ძმარი

dầu

ზეთი

gia vị

სანელებლები

nước xốt cà chua

კეტჩუპი

tương hạt cải

მდოგვი

nước sốt mayonnaise

მაიონეზი

siêu thị
სუპერმარკეტი

chào giá đặc biệt
სპეციალური შეთავაზება
FOR
khách hàng
მომხმარებელი
sản phẩm từ sữa
რძის ნაწარმი
trái cây
ხილი
xe đẩy mua sắm
ურიკა

lò mổ

საყასბო

cửa hiệu bán bánh mì

საცხობი

cân nặng

აწონვა

rau quả

ბოსტნეული

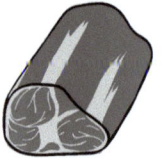

thịt

ხორცი

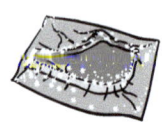

thức ăn đông lạnh

გაყინული საკვები

lát thịt nguội

გრილი ხორცი

đồ hộp

კონსერვები

bột giặt

სარეცხი ფხვნილი

đồ ngọt

ტკბილეული

sản phẩm dùng trong gia đình

საყოფაცხოვრებო პროდუქტები

chất tẩy rửa

სარეცხი საშუალებები

người bán hàng

გამყიდველი

quầy trả tiền

სალარო

nhân viên thu ngân

მოლარე

danh sách mua sắm

საყიდლების სია

giờ mở cửa

მუშაობის საათები

ví tiền

პორტმანი

thẻ tín dụng

საკრედიტო ბარათი

túi đeo

ჩანთა

túi ny lông

პლასტიკური პარკი

thức uống
დასალევი

nước

წყალი

nước quả ép

წვენი

sữa

რძე

coca-cola

კოკა-კოლა

rượu vang

ღვინო

bia

ლუდი

cồn

ალკოჰოლი

cacao

კაკაო

trà

ჩაი

cà phê

ყავა

espresso

ესპრესო

cappuccino

კაპუჩინო

chuối

ბანანი

quả táo

ვაშლი

quả cam

ფორთოხალი

dưa hấu

საზამთრო

chanh

ლიმონი

cà rốt

სტაფილო

tỏi

ნიორი

tre

ბამბუკი

củ hành

ხახვი

nấm

სოკო

hạt dẻ

კაკალი

mì

ატრია

mì spaghetti

სპაგეტი

cơm

ბრინჯი

xà lách

სალათი

khoai tây chiên

ჩიპსები

khoai tây chiên

შემწვარი კარტოფილი

bánh pizza

პიცა

bánh hamburger

ჰამბურგერი

bánh mì sandwich

სენდვიჩი

thịt côtlet

კოტლეტი

thịt giăm bông

ლორი

xúc xích

სალიამი

dồi

ძეხვი

gà

წიწილა

rán

შემწვარი ხორცი

cá

თევზი

cháo yến mạch

შვრიის ფაფა

cháo muesli

მუსლი

bánh bột ngô nướng

სიმინდის ფანტელები

bột mì

ფქვილი

bánh sừng bò

კრუასანი

bánh mì

ბულკი

bánh mì

პური

bánh mì nướng

ტოსტი

bánh bích quy

ნამცხვრები

bơ

კარაქი

sữa đông

ხაჭო

bánh ngọt

ტორტი

trứng

კვერცხი

trứng rán

ერბო-კვერცხი

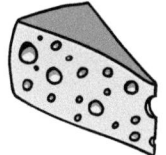

pho mát

ყველი

kem

ნაყინი

đường

შაქარი

mật ong

თაფლი

mứt

ჯემი

kem nougat

შოკოლადის კრემი

cà ri

კარი

thức ăn - საჭმელი

nông trại

ფერმა

სოფლის სახლი
nhà vựa
თავლა
kiện rơm
ჩალის შეკვრა
cánh đồng
ყანა
con ngựa
ცხენი
xe moóc
მისაბმელი
máy kéo
ტრაქტორი
ngựa con
კვიცი
con lừa
ვირი
con cừu
ცხვარი
cừu con
ცხვარი

con dê

თხა

con bò

ძროხა

con bê

ხბო

con lợn

ღორი

lợn con

გოჭი

bò đực

ხარი

con ngỗng

ბატი

con vịt

იხვი

gà con

წიწილა

gà mái

ქათამი

gà trống

მამალი

con chuột

ვირთხა

mèo

კატა

chuột nhắt

თაგვი

bò đực

ხარი

con chó

ძაღლი

nhà chuồng chó

საძაღლე

ống tưới vườn cây

ბაღის შლანგი

thùng tưới cây

საბაღე წურწურა

lưỡi hái

ცელი

cái cày

გუთანი

cái liềm

ნამგალი

cái cuốc

თოხი

cái chĩa

პატივის სახვეტი ჩანგალი

cái rìu

ცული

xe cút kít

მაზიდი

máng ăn

გობი

lọ sữa

რძის ბიდონი

bao tải

ტომარა

hàng rào

ღობე

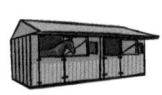

chuồng

ბოსელი

nhà kính trồng cây

სათბური

đất trồng

ნიადაგი

hạt giống

თესლი

phân bón

სასუქი

máy gặt đập liên hợp

მოსავლის ამღები კომბაინი

thu hoạch

მოსავლის აღება

mùa thu hoạch

მოსავალი

khoai lang

იამი

lúa mì

ხორბალი

đậu nành

სოიო

khoai tây

კარტოფილი

ngô

სიმინდი

hạt cải dầu

სარეველას თესლი

cây ăn trái

ხეხილი

sắn

მანიოკი

ngũ cốc

მარცვლეული

nhà
სახლი

ống khói
ბუხარი
სახურავი
ống máng mước mưa
წყალსადინარი მილი
cửa sổ
ფანჯარა
ga ra
ავტოფარეხი
chuông cửa
კარის ზარი
cửa
კარი
thùng rác
ნაგვის ყუთი
hòm thư
საფოსტო ყუთი
vườn
ბაღი

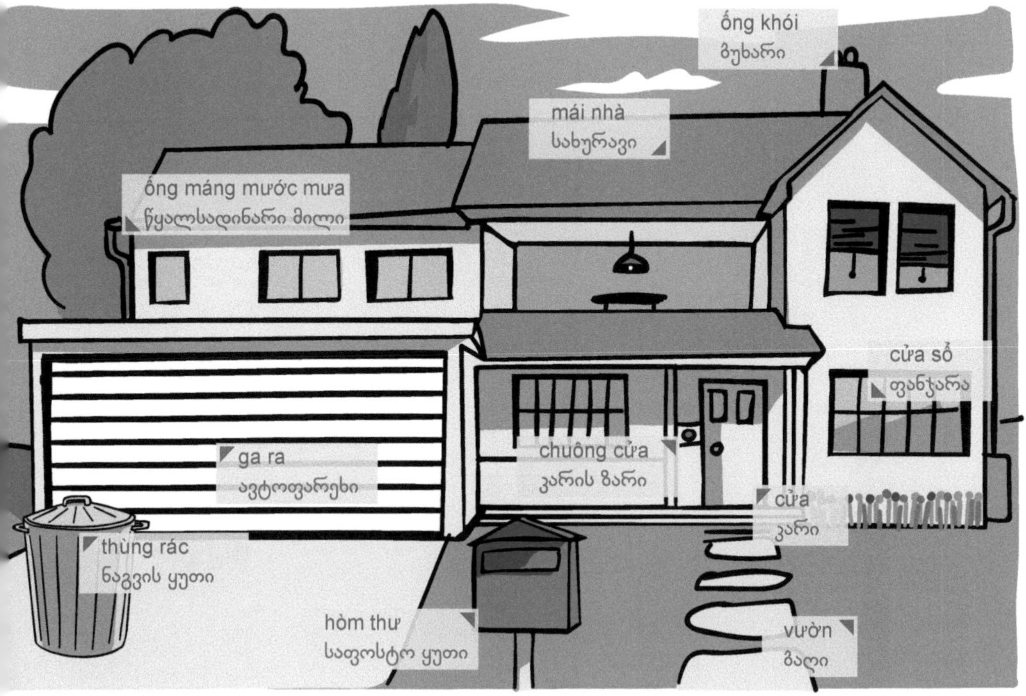

phòng khách

მისაღები ოთახი

phòng tắm

აბაზანა

bếp

სამზარეულო

phòng ngủ

საძინებელი

phòng trẻ em

საბავშვო ოთახი

phòng ăn

სასადილო ოთახი

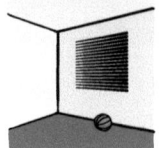

nền nhà

სართული

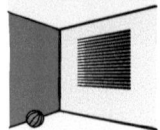

tường

კედელი

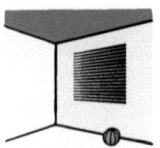

trần nhà

ჭერი

tầng hầm

სარდაფი

tắm hơi

საუნა

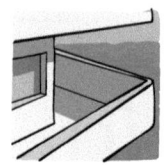

ban công

აივანი

sân hiên

ტერასა

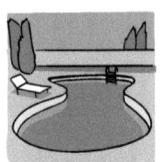

bể bơi

აუზი

máy cắt cỏ

გაზონის საკრეჭი

khăn trải giường

საბნის კონვერტი

khăn trải giường

საწოლი

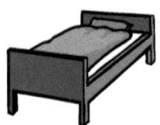

giường

ლოგინი

chổi

ცოცხი

cái xô

სათლი

công tắc điện

გადამრთველი

phòng khách
მისაღები ოთახი

giấy dán tường
შპალერი
hình ảnh
ნახატი
đèn
ნათურა
cái kệ
თარო
tủ
კარადა
ti vi
ტელევიზორი
lò sưởi
ბუხარი
bông hoa
ყვავილი
gối
ბალიში
ghế sofa
დივანი
bình hoa
ვაზა
điều khiển từ xa
დისტანციური მართვა

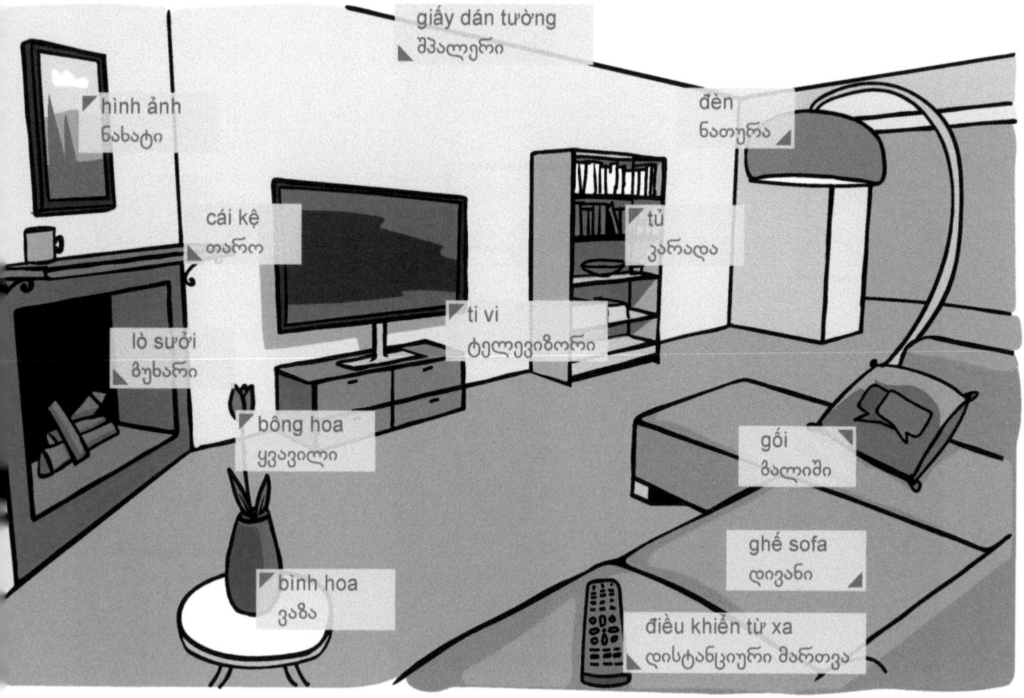

thảm

ხალიჩა

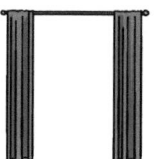

rèm

ფარდა

cái bàn

მაგიდა

ghế

სკამი

ghế bập bênh

სარწეველა სკამი

ghế bành

სავარძელი

sách

წიგნი

cái chăn

საბანი

đồ trang trí

დეკორაცია

củi

შეშა

phim

ფილმი

máy hi-fi

hi-fi მოწყობილობები

chìa khóa

გასაღები

báo

გაზეთი

bức tranh

ფერწერა

áp phích

პლაკატი

radio

რადიო

sổ ghi chép

ბლოკნოტი

máy hút bụi

მტვერსასრუტი

cây xương rồng

კაქტუსი

cây nến

სანთელი

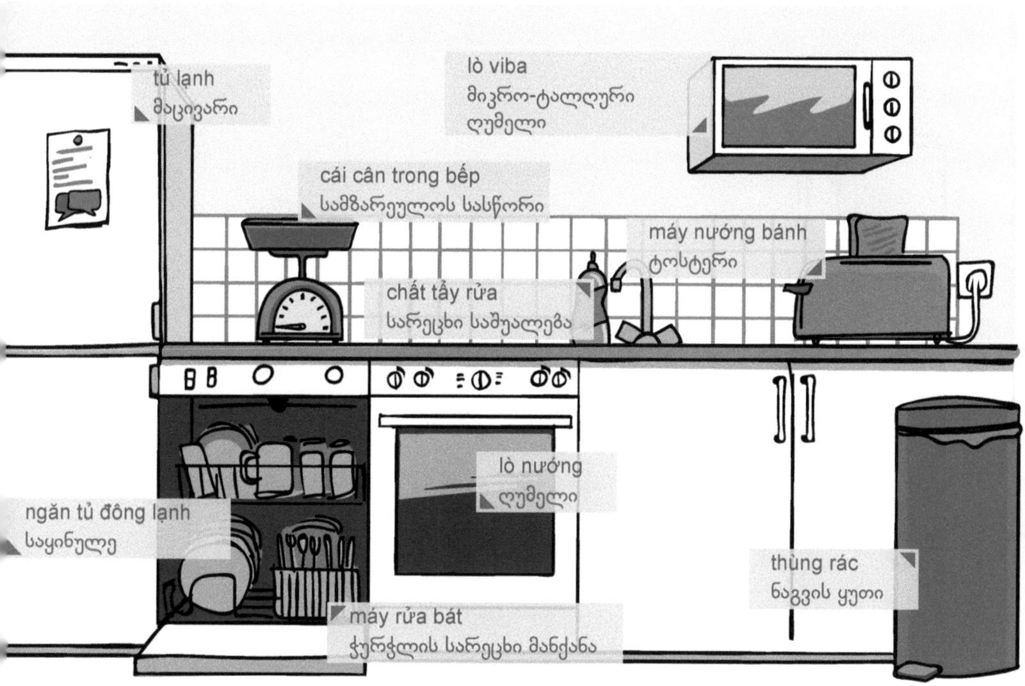

tủ lạnh
მაცივარი
lò viba
მიკრო-ტალღური ღუმელი
cái cân trong bếp
სამზარეულოს სასწორი
máy nướng bánh
ტოსტერი
chất tẩy rửa
სარეცხი საშუალება
lò nướng
ღუმელი
ngăn tủ đông lạnh
საყინულე
thùng rác
ნაგვის ყუთი
máy rửa bát
ჭურჭლის სარეცხი მანქანა

lò nấu

გაზქურა

nồi

ქოთანი

nồi sắt

თუჯის ქვაბი

chảo

ტაფა ამობერილი ფსკერით

chảo

ტაფა

ấm đun nước

ჩაიდანი

bếp - სამზარეულო 35

nồi đun hơi

ორთქლსახარში

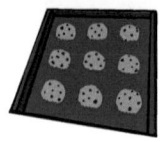

khay lò nướng

საცხობი ლანგარი

bát đĩa

ჭურჭელი

cốc

კათხა

cái bát

თასი

đũa

ჩინური ჩხირები

cái vá

ჩამჩა

bàn xẻng

ფითხი

que đánh kem

სათქვეფელა

rây dùng trong bếp

საწური

cái rây lọc

საცერი

cái nạo

სახეხი

vữa

სანაყი

vỉ nướng

გრილი

ngọn lửa trần

კოცონი

cái thớt

დაფა

trục cán bột

საგორავი

cái mở nút chai

ბურღი

vỏ đồ hộp

ქილა

cái mở vỏ đồ hộp

ქილის გასახსნელი

miếng nhấc nồi

ქოთნის დამჭერი

bồn rửa bát

ნიჟარა

bàn chải

ფუნჯი

miếng xốp

ღრუბელი

máy xay

ბლენდერი

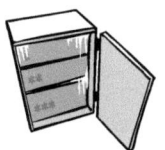

tủ đông lạnh

საყინულე კამერა

bình sữa cho trẻ sơ sinh

საბავშვო ბოთლი

vòi nước

ონკანი

phòng tắm
აბაზანა

lò sưởi
გათბობა
vòi hoa sen
შხაპი
khăn lau
პირსახოცი
rèm che ngăn tắm
საშხაპე ფარდა
tắm bọt
ღრუბლიანი აბანო
bồn tắm
ვანა
cốc thủy tinh
ჭიქა
máy giặt
სარეცხი მანქანა
vòi nước
ონკანი
gạch lát
ფილები
cái bô
ღამის ქოთანი
bồn rửa bát
ნიჟარა

bồn cầu

ტუალეტი

bồn cầu ngồi xổm

იატაკის ტუალეტი

bồn rửa hậu môn

ბიდე

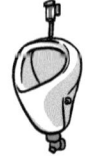

bồn tiểu tiện

კედლის პისუარი

giấy vệ sinh

ტუალეტის ქაღალდი

bàn chải cọ bồn cầu

ტუალეტის ჯაგრისი

bàn chải đánh răng

კბილის ჯაგრისი

kem đánh răng

კბილის პასტა

chỉ nha khoa

კბილის ძაფი

rửa

რეცხვა

vòi sen cầm tay

ხელის შხაპი

vòi rửa hậu môn

ინტიმური შხაპი

bồn rửa

ტაშტი

bàn chải cọ lưng

ზურგის სახეხი ფუნჯი

xà phòng

საპონი

sữa tắm

შხაპის გელი

dầu gội

შამპუნი

khăn cọ để tắm

ნეჭა

lỗ thoát nước

სანიაღვრე

kem

კრემი

chất khử mùi

დეოდორანტი

gương

სარკე

gương tay

ხელის სარკე

dao cạo râu

ბრიტვა

kem cạo râu

საპარსი ქაფი

nước thơm dùng sau khi cạo râu

საშუალება გაპარსვის შემდეგ

cái lược

სავარცხელი

bàn chải

ჯაგრისი

máy xấy tóc

თმის საშრობი

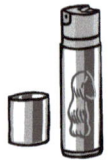

keo xịt tóc

თმის ლაქი

đồ trang điểm

კოსმეტიკა

thỏi son môi

ტუჩების პომადა

sơn bôi móng

ფრჩხილის ლაქი

bông

ბამბა

kéo cắt móng

ფრჩხილის მაკრატელი

nước hoa

სუნამო

túi đựng đồ tắm

კოსმეტიკის ჩანთა

ghế đẩu

ტაბურეტი

cái cân

სასწორი

áo choàng tắm

სააბაზანო ხალათი

găng tay làm vệ sinh

რეზინის ხელთათმანები

nút gạc

ტამპონი

băng vệ sinh

სანიტარული პირსახოცი

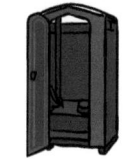

nhà vệ sinh hóa chất

ბიო-ტუალეტი

phòng trẻ em
საბავშვო ოთახი

đồng hồ báo thức
მაღვიძარა
thú bông
რბილი სათამაშო
xe đồ chơi
სათამაშო მანქანა
cái lúc lắc
ჩხარუნა სათამაშო
nhà búp bê
თოჯინების სახლი
món quà
საჩუქარი

bong bóng

ბუშტი

giường

ლოგინი

xe nôi

საბავშვო ეტლი

trò chơi bài

კარტის თამაში

trò chơi ghép hình

პაზლი

truyện tranh

კომიკსი

gạch Lego

ლეგოს აგურები

khối xếp hình

ასაშენებელი კუბიკები

nhân vật hành động

სათამაშო ფიგურა

o liền quần cho trẻ sơ sinh

საცოცავი

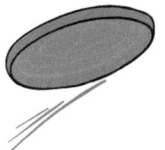

đĩa nhựa để ném

ფრისბი

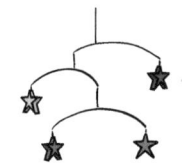

đồ chơi treo trên giường

მობილე

trò chơi cờ bàn

სამაგიდო თამაში

xúc xắc

კამათელი

đồ chơi xe lửa mô hình

რკინიგზის მოდელი

ti giả

საწოვარა

buổi tiệc

წვეულება

sách tranh

წიგნი ნახატებით

quả bóng

ბურთი

búp bê

თოჯინა

chơi

თამაში

hố cát

საქვიშარი

cái đu

საქანელა

đồ chơi

სათამაშოები

máy chơi game cầm tay

ვიდეო თამაშის კონსოლი

xe ba bánh

სამთვლიანი ველოსიპედი

gấu bông

დათუნია

tủ quần áo

გარდერობი

y phục
ტანსაცმელი

bít tất

წინდები

bít tất dài

ჩულქები

quần tất

კოლგოტები

khăn choàng cổ
შარფი
ô che mưa
ქოლგა
áp phông
მკლავებიანი მაისური
dây thắt lưng
ქამარი
ủng
ფეხსაცმელი
dép đi trong nhà
ჩუსტები
giày sneaker
ბოტასები

dép xăng đan

სანდლები

giày

ფეხსაცმელი

ủng cao su

რეზინის ჩექმები

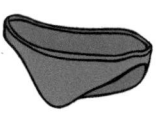

quần lót

ტრუსები

áo ngực

ბიუსჰალტერი

áo vest

მაისური

áo ôm sát cơ thể

სხეული

quần dài

შარვალი

quần bò

ჯინსი

váy

ქვედაკაბა

áo cánh

ბლუზი

áo sơ mi

პერანგი

áo len chui đầu

სვიტრი

áo len

კაპიუშონიანი ჟაკეტი

áo blazer

სპორტული ქურთუკი

áo jacket

ჟაკეტი

áo khoác

პალტო

áo mưa

საწვიმარი

trang phục

კოსტუმი

áo váy

კაბა

áo cưới

საქორწილო კაბა

bộ com lê

კაცის კოსტიუმი

áo ngủ

ღამის პერანგი

pijama

პიჟამოები

trang phục sari

სარი

khăn trùm đầu

თავშალი

khăn đội đầu

ტურბანი

áo burka

ჩადრი

áo captan

ხიფთანი

áo aba

აბაია

quần áo bơi

საცურაო კოსტუმი

quần bơi

ჩემოდნები

quần đùi

შორტები

quần áo tracksuit

სპორტული კოსტიუმი

tạp dề

წინსაფარი

găng tay

ხელთათმანები

cái cúc

ღილი

kính mắt

სათვალეები

vòng đeo tay

სამაჯური

vòng cổ

ყელსაბამი

nhẫn

ბეჭედი

hoa tai

საყურე

mũ lưỡi trai

კეპი

cái mắc treo áo quần

საკიდი

mũ

ქუდი

cà vạt

ჰალსტუხი

dây kéo phéc mơ tuya

ელვა-შესაკრავის შეკვრა

mũ bảo hiểm

ჩაფხუტი

dây đeo quần

აჭიმი

đồng phục học sinh

სკოლის ფორმა

đồng phục

ფორმა

yếm trẻ em

ბავშვის წინსაფარი

ti giả

საწოვარა

tã lót

პამპერსი

văn phòng

ოფისი

máy chủ
სერვერი
tủ hồ sơ
საკანცელარიო კარადა
máy in
პრინტერი
giấy
ქაღალდი
màn hình
მონიტორი
bàn làm việc
მაგიდა
chuột máy tính
თაგვი
thư mục
საქაღალდე
bàn phím
კლავიატურა
g rác giấy
ათა ნარჩენი ქაღალდებისათვის
ghế
სკამი
máy tính
კომპიუტერი

cốc cà phê

ყავის ფინჯანი

máy tính bỏ túi

კალკულატორი

internet

ინტერნეტი

laptop

ლეპტოპი

thư

წერილი

tin nhắn

მესიჯი

điện thoại di động

მობილური ტელეფონი

mạng

ქსელი

máy photocopy

სკანერი

phần mềm

პროგრამული
უზრუნველყოფა

điện thoại

ტელეფონი

ổ cắm điện

როზეტი

máy fax

ფაქსის მანქანა

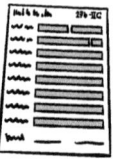

mẫu đơn

ფორმულარი

chứng từ

დოკუმენტი

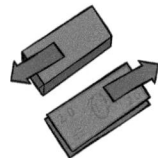

mua

ყიდვა

trả tiền

გადახდა

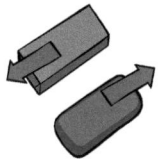

buôn bán

ვაჭრობა

tiền

ფული

USD

đô la

დოლარი

EUR

Euro

ევრო

JPY

yên

იენი

RUB

rúp

რუბლი

CHF

franc Thụy Sĩ

შვეიცარული ფრანკი

CNY

nhân dân tệ

ჟენმინბი იუანი

INR

rupi

რუპი

máy rút tiền tự động

ბანკომატი

quầy đổi tiền

ვალუტის გადაცვლის პუნქტი

vàng

ოქრო

bạc

ვერცხლი

dầu

ნავთობი

năng lượng

ენერგია

giá tiền

ფასი

hợp đồng

ხელშეკრულება

thuế

გადასახადი

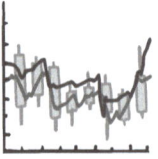

cổ phiếu

აქცია

làm việc

მუშაობა

nhân viên

თანამშრომელი

chủ lao động

დამსაქმებელი

nhà máy

ქარხანა

cửa hiệu

მაღაზია

nghề nghiệp
პროფესიები

nhân viên cảnh sát
პოლიციის ოფიცერი
lính cứu hỏa
მეხანძრე
đầu bếp
მზარეული
bác sĩ
ექიმი
phi công
მფრინავი

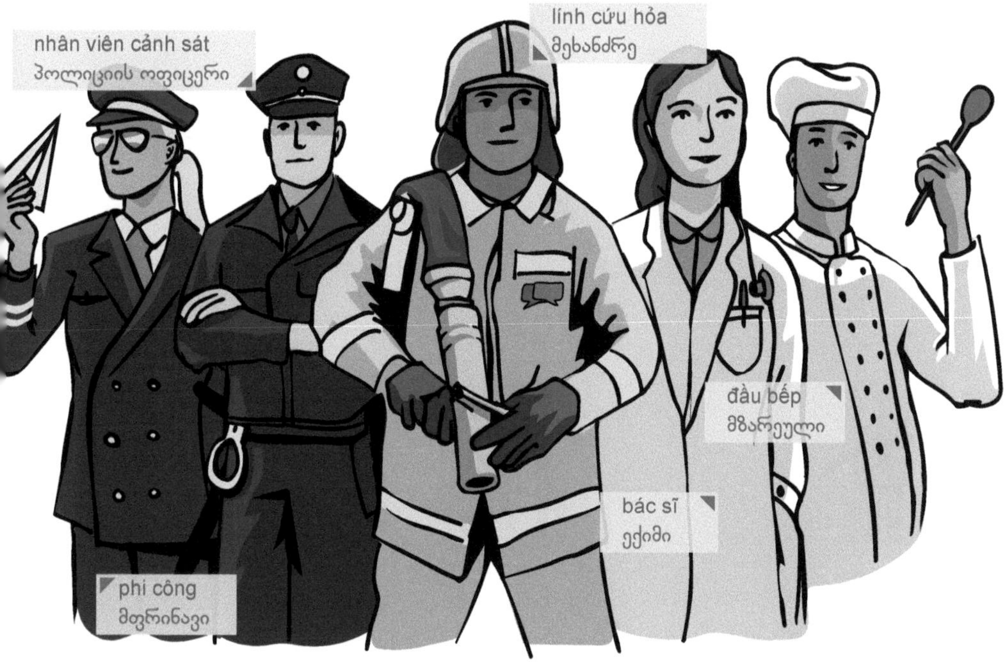

người làm vườn

მებაღე

thợ mộc

დურგალი

thợ may

თეთრეულის მკერავი ქალბატონი

chánh án

მოსამართლე

nhà hóa học

ქიმიკოსი

diễn viên

მსახიობი

tài xế xe buýt

ავტობუსის მძღოლი

người lái taxi

ტაქსის მძღოლი

ngư dân

მეთევზე

người lau dọn vệ sinh

დამლაგებელი ქალბატონი

thợ lợp mái nhà

სახურავის ოსტატი

bồi bàn

მიმტანი

thợ săn

მონადირე

họa sĩ

ფერმწერი

thợ làm bánh

მცხობელი

thợ điện

ელექტრიკოსი

thợ xây dựng

მშენებელი

kỹ sư

ინჟინერი

người hàng thịt

ყასაბი

thợ sửa ống nước

სანტექნიკოსი

người đưa thư

ფოსტალიონი

người lính
ჯარისკაცი

kiến trúc sư
არქიტექტორი

nhân viên thu ngân
მოლარე

người bán hoa
ფლორისტი

thợ cắt tóc
პარიკმახერი

nhân viên soát vé
კონდუქტორი

thợ cơ khí
მექანიკოსი

thuyền trưởng
კაპიტანი

nha sĩ
სტომატოლოგი

nhà khoa học
მეცნიერი

giáo sĩ Do thái
რაბინი

lãnh tụ Hồi giáo
იმამი

nhà sư
ბერი

mục sư
სასულიერო პირი

dụng cụ

იარაღები

kìm
მრტყელტუჩა
cây búa
ჩაქუჩი
tua vít
სახრახნისი
đèn pin
ჯიბის სანათი
cờ lê
ქანჩის გასაღები

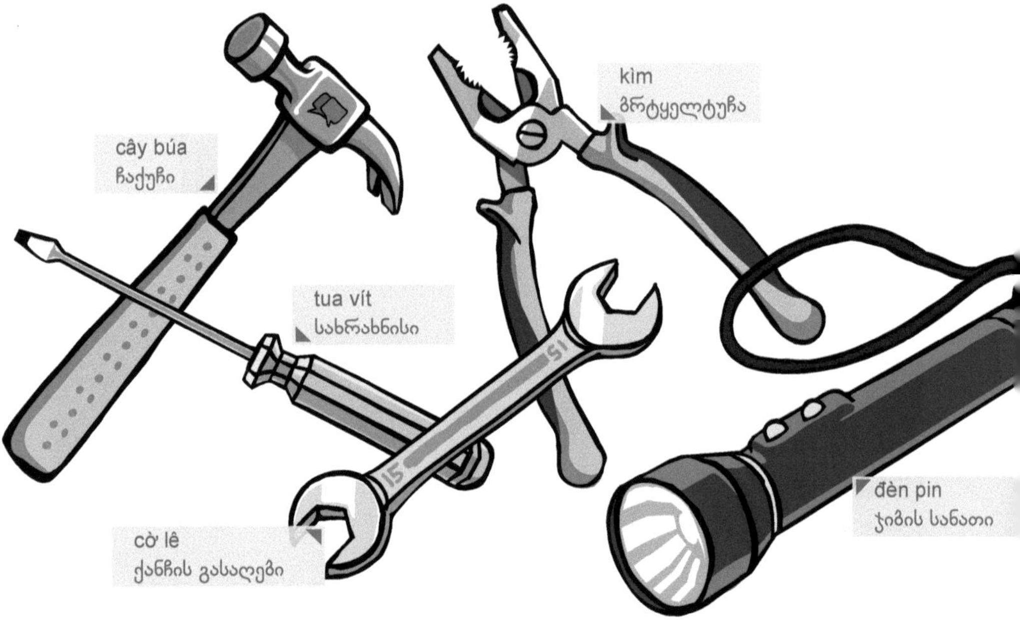

máy xúc đất

ექსკავატორი

hộp dụng cụ

იარაღების ყუთი

cái thang

კიბე

cưa

ხერხი

đinh

ლურსმები

máy khoan

საბურღი

sửa chữa

შეკეთება

cái xẻng

ნიჩაბი

khốn nạn!

ანდაზა!

cái hót rác

აქანდაზი

thùng sơn

სალებავის ქოთანი

vít

ხრახნები

nhạc cụ

მუსიკალური ინსტრუმენტები

loa
რეპროდუქტორ
ი
bộ trống
დასარტყამი ინსტრუმენტების კრებული
đàn ghi ta
გიტარა
đàn công tra bát
კონტრაბასი
kèn trompet
საყვირი

đàn piano

ფორტეპიანო

đàn vĩ cầm

ვიოლინო

ghi ta bass

ბასი

trống định âm

ტიმპანონი

trống

დასარტყამები

đàn organ

კლავიშები

kèn Saxophone

საქსოფონი

sáo

ფლეიტა

micro

მიკროფონი

vườn bách thú
ზოოპარკი

lối vào
შესასვლელი
con cọp
ვეფხვი
lồng
გალია
ngựa vằn
ზებრა
thức ăn gia súc
ცხოველთა საკვები
gấu trúc
პანდა

động vật

ცხოველები

con voi

სპილო

chuột túi

კენგურუ

tê giác

მარტორქა

khỉ đột

გორილა

con gấu

დათვი

lạc đà

აქლემი

đà điểu

სირაქლემა

sư tử

ლომი

con khỉ

მაიმუნი

hồng hạc

ფლამინგო

con vẹt

თუთიყუში

gấu bắc cực

პოლარული დათვი

chim cánh cụt

პინგვინი

cá mập

ზვიგენი

con công

ფარშევანგი

con rắn

გველი

cá sấu

ნიანგი

người trông giữ vườn bách
thú
ზოოპარკის მფლობელი

hải cẩu

სელაპი

báo đốm

იაგუარი

ngựa lùn

პონი

con báo

ლეოპარდი

hà mã

ბეჰემოტი

hươu cao cổ

ჟირაფი

đại bàng

არწივი

heo rừng

ტახი

cá

თევზი

con rùa

კუ

hải mã

მორჟი

con cáo

მელა

linh dương

გაზელი

thể thao
სპორტი

bóng bầu dục Mỹ
ამერიკული ფეხბურთი
đua xe đạp
ველოსპორტი
quần vợt
ჩოგბურთი
bóng rổ
კალათბურთი
bơi
ცურვა
khúc côn cầu trên băng
ყინულის ჰოკეი
đấm bốc
კრივი

bóng đá
ფეხბურთი

cầu lông
ბადმინტონი

điền kinh
მძლეოსნობა

bóng ném
ხელბურთი

trượt tuyết
სათხილამურო სპორტი

polo
წყლის პოლო

các hoạt động
მოქმედებები

nhảy
გადახტომა
ôm
ჩახუტება
cười
დაცინვა
đi bộ
სეირნობა
ca hát
სიმღერა
mơ
ოცნებობა
cầu nguyện
ლოცვა
hôn
კოცნა

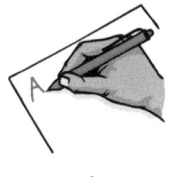

viết
წერა

vẽ
დახატვა

chỉ trỏ
ჩვენება

đẩy
დაჭერა

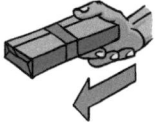

cho
მიცემა

lấy đi
აღება

có

ქონა

làm

კეთება

thì / là

ყოფნა

đứng

დგომა

chạy

გარბენა

kéo

მოქაჩვა

ném

გადაყრა

rơi

დაცემა

nằm

ტყუილის თქმა

chờ đợi

მოცდენა

mang vác

ტარება

ngồi

ჯდომა

mặc quần áo

ჩაცმა

ngủ

ძილი

thức dậy

გაღვიძება

xem

დათვალიერება

khóc

ტირილი

vuốt ve

გაუთოება

chải

დავარცხნა

nói chuyện

ლაპარაკი

hiểu

გაგება

câu hỏi

შეკითხვა

nghe

მოსმენა

uống

დალევა

ăn

ჭამა

dọn dẹp

დალაგება

yêu

ყვარება

nấu nướng

კერძების მზადება

lái xe

სვლა

bay

ფრენა

đi thuyền buồm

აფრის ქვეშ სიარული

tính toán

გამოთვლა

đọc

წაკითხვა

học

შესწავლა

làm việc

მუშაობა

cưới

ქორწინება

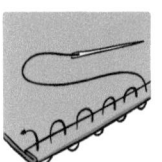

khâu vá

კერვა

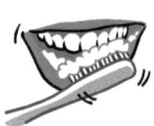

đánh răng

კბილების ხეხვა

giết

მოკვლა

hút thuốc

მოწევა

gửi đi

გაგზავნა

gia đình

ოჯახი

nội (ngoại)
ბია
ông nội (ngoại)
ბაბუა
cha
მამა
mẹ
დედა
trẻ con
ბავშვი
con gái
ქალიშვილი
con trai
ვაჟიშვილი

khách

სტუმარი

cô (dì)

დეიდა

chú, bác (cậu)

ბიძა

anh (em) trai

ძმა

chị (em) gái

და

cơ thể
სხეული

trán
შუბლი
mắt
თვალი
mặt
სახე
cằm
ნიკაპი
ngực
მკერდი
ngón tay
თითი
bàn tay
ხელი
cánh tay
მკლავი
vai
მხარი
chân
ფეხი

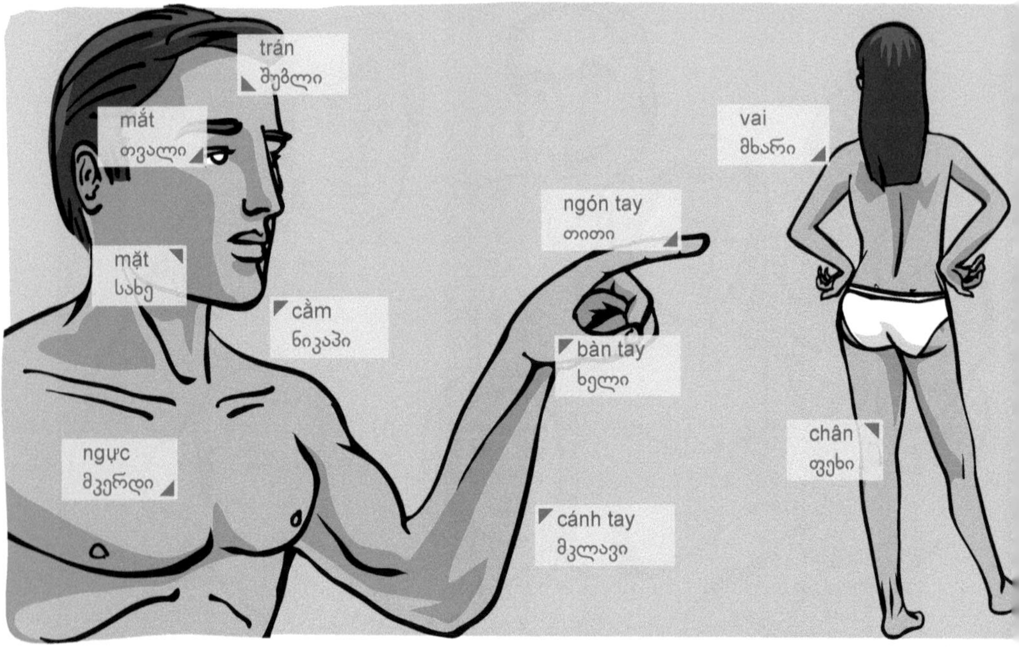

trẻ con

ბავშვი

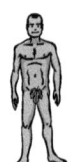

đàn ông

კაცი

phụ nữ

ქალი

bé gái

გოგო

bé trai

ბიჭი

đầu

თავი

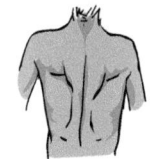

lưng

ზურგი

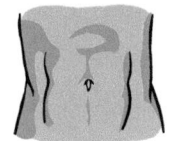

bụng

მუცელი

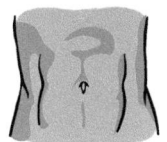

rốn

ჭიპი

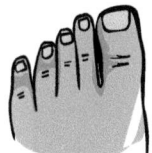

ngón chân

ფეხის თითი

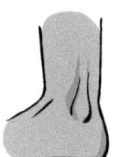

gót chân

ქუსლი

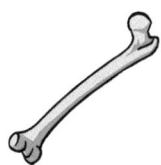

xương

ძვალი

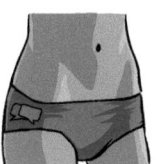

hông

ბარძაყი

đầu gối

მუხლი

khuỷu tay

იდაყვი

mũi

ცხვირი

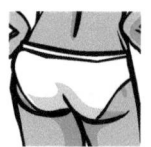

mông

დუნდულა

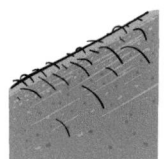

da

კანი

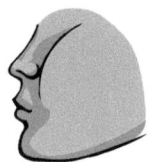

má

ლოყა

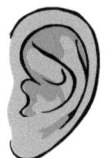

tai

ყური

môi

ტუჩი

miệng

პირი

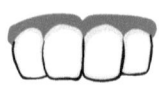

răng

კბილი

lưỡi

ენა

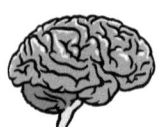

não

ტვინი

tim

გული

cơ bắp

კუნთი

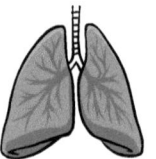

phổi

ფილტვი

gan

ღვიძლი

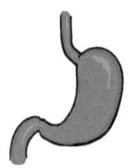

dạ dày

კუჭი

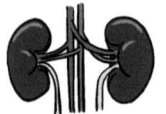

thận

თირკმელები

giao hợp

სექსი

bao cao su

პრეზერვატივი

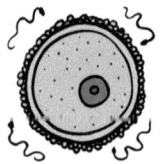

noãn

კვერცხუჯრედი

tinh dịch

სპერმა

mang thai

ორსულობა

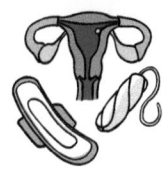

kinh nguyệt

მენსტრუაცია

âm vật

საშო

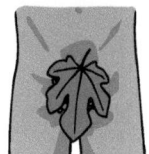

dương vật

პენისი

lông mày

წარბი

tóc

თმა

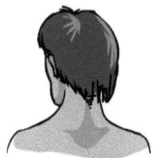

cổ

კისერი

bệnh viện
საავადმყოფო

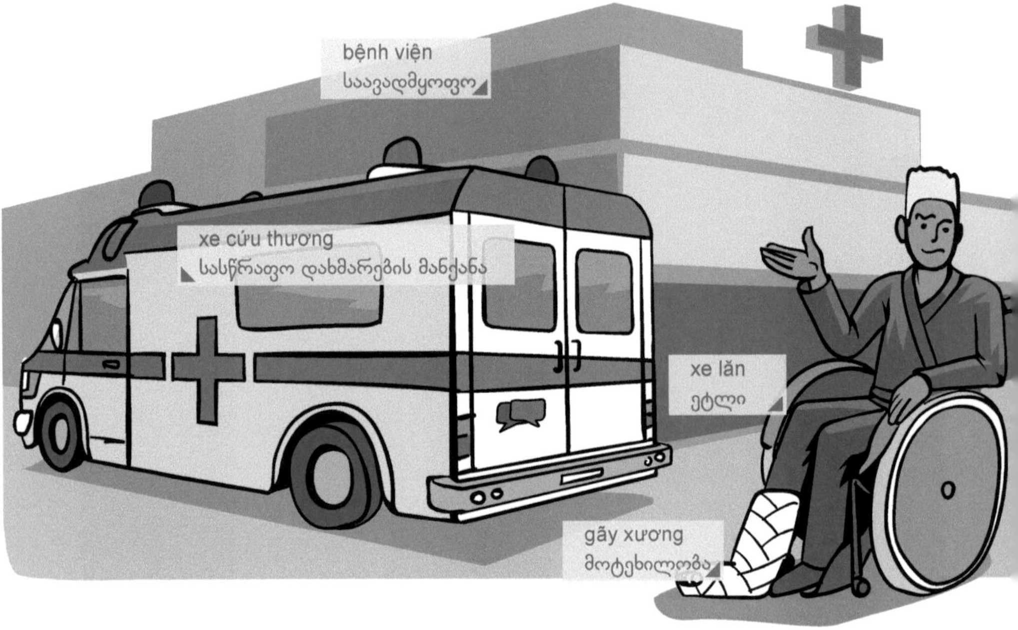

bệnh viện
საავადმყოფო
xe cứu thương
სასწრაფო დახმარების მანქანა
xe lăn
ეტლი
gãy xương
მოტეხილობა

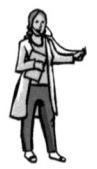

bác sĩ

ექიმი

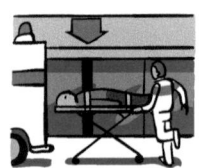

phòng cấp cứu

პირველი დახმარების ოთახი

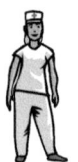

y tá

მედდა

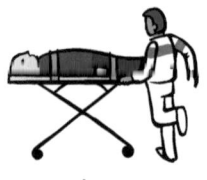

cấp cứu

გადაუდებელი შემთხვევა

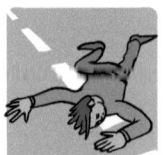

bất tỉnh

უგონოდ მყოფი

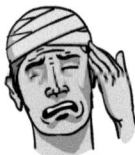

cơn đau

ტკივილი

bị thương

დაზიანება

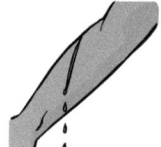

chảy máu

სისხლდენა

nhồi máu cơ tim

გულის შეტევა

đột quỵ

ინსულტი

dị ứng

ალერგია

ho

ხველა

sốt

ცხელება

cúm

გრიპი

tiêu chảy

დიარეა

đau đầu

თავის ტკივილი

ung thư

კიბო

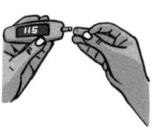

bệnh tiểu đường

დიაბეტი

bác sĩ phẫu thuật

ქირურგი

dao mổ

სკალპელი

giải phẫu

ოპერაცია

chụp cắt lớp

კტ

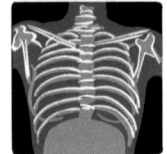

chụp x-quang

რენტგენი

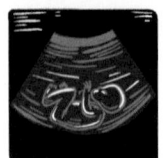

siêu âm

ულტრაბგერა

mặt nạ

ნიღაბი

bệnh

დაავადება

phòng đợi

მოსაცდელი ოთახი

cái nạng

ყავარჯენი

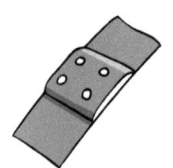

băng dán vết thương

თაბაშირი

băng bó

ბინტი

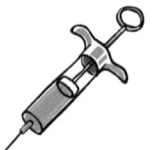

tiêm thuốc

ინექცია

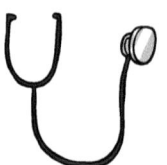

ống nghe khám bệnh

სტეტოსკოპი

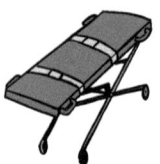

băng ca

საკაცე

nhiệt kế

თერმომეტრი

sinh đẻ

დაბადება

thừa cân

ჭარბი წონა

máy trợ thính

სმენის აპარატი

chất khử trùng

სადეზინფექციო საშუალება

nhiễm trùng

ინფექცია

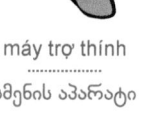

vi rút

ვირუსი

HIV / AIDS

აივ / შიდსი

thuốc

წამალი

tiêm chủng

ვაქცინაცია

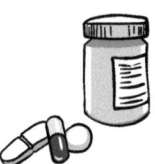

thuốc viên

ტაბლეტები

viên thuốc

აბი

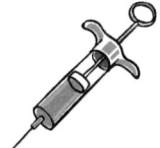

gọi cấp cứu

ადაუდებელი გამოძახება

máy đo huyết áp

წნევის საზომი აპარატი

bệnh / khỏe mạnh

ავადმყოფი / ჯანმრთელი

cấp cứu

გადაუდებელი შემთხვევა

cứu!

დამეხმარეთ!

báo động

განგაში

cuộc đột kích

თავდასხმა

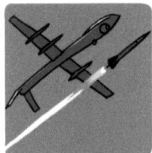

sự tấn công

შეტევა

mối nguy hiểm

საფრთხე

lối thoát hiểm

სათადარიგო გასასვლელი

cháy!

ხანძარი!

bình chữa cháy

ცეცხლსაქრობი

tai nạn

უბედური შემთხვევა

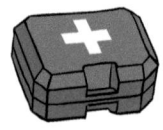

bộ dụng cụ sơ cứu

პირველადი დახმარების აფთიაქი

SOS

SOS

cảnh sát

პოლიცია

trái đất
დედამიწა

châu Âu

ევროპა

Bắc Mỹ

ჩრდილოეთ ამერიკა

Nam Mỹ

სამხრეთ ამერიკა

châu Phi

აფრიკა

châu Á

აზია

châu Úc

ავსტრალია

Đại Tây Dương

ატლანტიკა

Thái Bình Dương

წყნარი ოკეანე

Ấn Độ Dương

ინდოეთის ოკეანე

Nam Cực Dương

ანტარქტიკის ოკეანე

Bắc Băng Dương

ჩრდილოეთის ყინულოვანი ოკეანე

bắc cực

ჩრდილოეთ პოლუსი

nam cực

სამხრეთ პოლუსი

nam cực

ანტარქტიდა

trái đất

დედამიწა

đất liền

ხმელეთი

biển

ზღვა

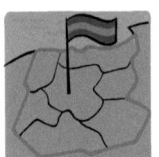

đảo

კუნძული

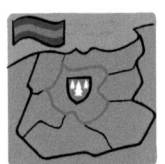

quốc gia

ერი

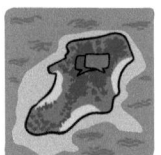

nhà nước

სახელმწიფო

đồng hồ
საათი

mặt đồng hồ

ციფერბლატი

kim chỉ giờ

საათების ისარი

kim chỉ phút

წუთების ისარი

kim chỉ giây

წამების ისარი

Bây giờ là mấy giờ?

რომელი საათია?

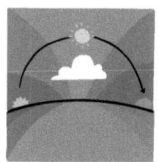

ngày

დღე

thời gian

დრო

bây giờ

ახლა

đồng hồ điện tử

ციფრული საათი

phút

წუთი

giờ

საათი

tuần lễ
კვირა

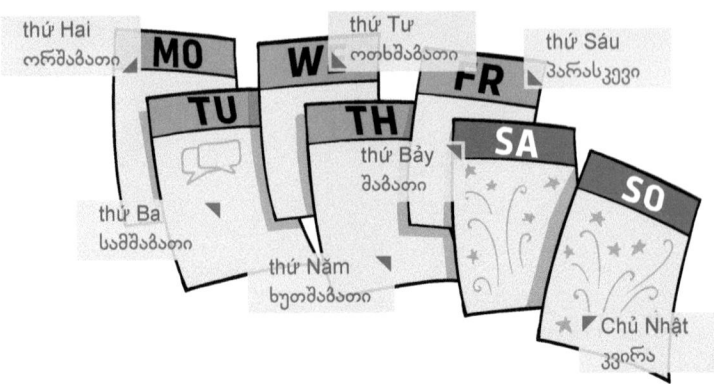

thứ Hai — ორშაბათი
MO
TU
thứ Ba — სამშაბათი
W
thứ Tư — ოთხშაბათი
TH
thứ Năm — ხუთშაბათი
FR
thứ Sáu — პარასკევი
SA
thứ Bảy — შაბათი
SO
Chủ Nhật — კვირა

hôm qua

გუშინ

hôm nay

დღეს

ngày mai

ხვალ

buổi sáng

დილა

buổi trưa

შუადღე

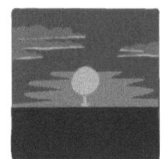

buổi tối

საღამო

ngày làm việc

სამუშაო დღეები

cuối tuần

შაბათი-კვირა

năm
წელი

mưa
წვიმა
cầu vồng
ცისარტყელა
gió
ქარი
tuyết
თოვლი
mùa xuân
გაზაფხული
mùa hè
ზაფხული
mùa thu
შემოდგომა
mùa đông
ზამთარი

4.APRIL 11°
5.APRIL 4°
6.APRIL 13°
7.APRIL 8°
8.APRIL 10°

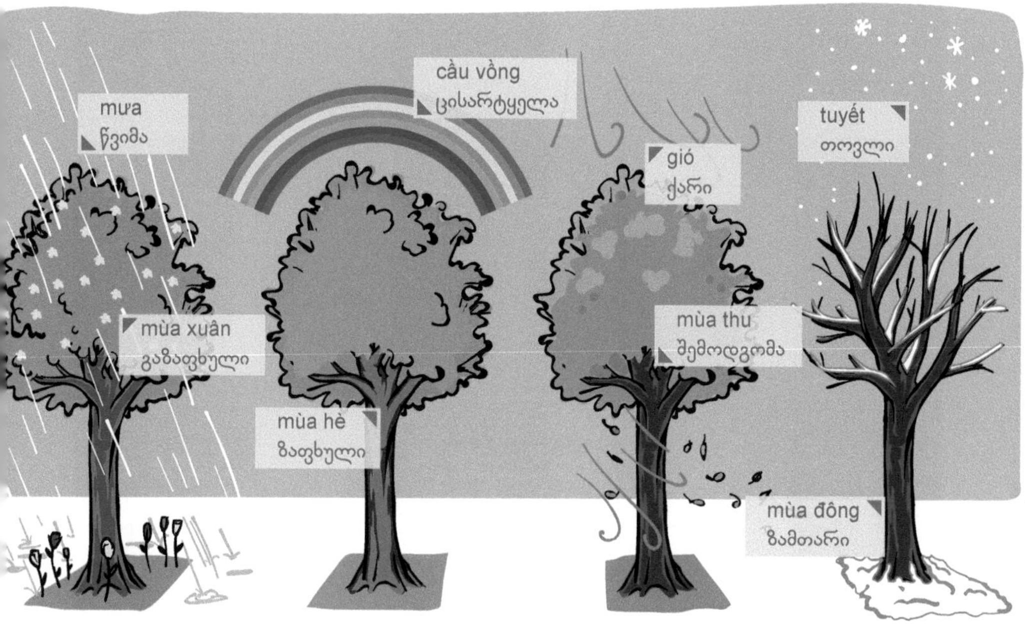

dự báo thời tiết

ამინდის პროგნოზი

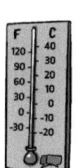

nhiệt kế

თერმომეტრი

ánh nắng

მზის სხივი

mây

ღრუბელი

sương mù

ნისლი

độ ẩm không khí

ტენიანობა

tia chớp

ელვა

sấm sét

ქუხილი

cơn bão

შტორმი

mưa đá

სეტყვა

gió mùa

მუსონი

lũ lụt

წყალდიდობა

nước đá

ყინული

tháng Một

იანვარი

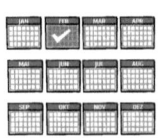

tháng Hai

თებერვალი

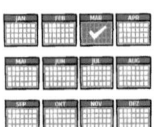

tháng Ba

მარტი

tháng Tư

აპრილი

tháng Năm

მაისი

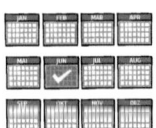

tháng Sáu

ივნისი

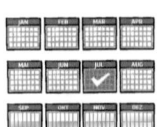

tháng Bảy

ივლისი

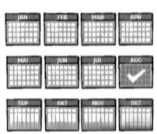

tháng Tám

აგვისტო

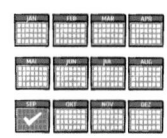

tháng Chín
სექტემბერი

tháng Mười
ოქტომბერი

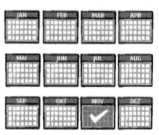

tháng Mười Một
ნოემბერი

tháng Mười Hai
დეკემბერი

hình dạng
ფორმები

hình tròn
წრე

hình vuông
კვადრატი

hình chữ nhật
მართკუთხედი

hình tam giác
სამკუთხედი

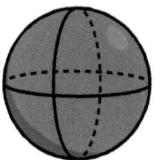

hình cầu
სფერო

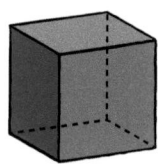

khối vuông
კუბი

màu sắc

ფერები

màu trắng

თეთრი

màu vàng

ყვითელი

màu cam

ნარინჯისფერი

màu hồng

ვარდისფერი

màu đỏ

წითელი

màu tím

იისფერი

màu xanh dương

ცისფერი

màu xanh lá cây

მწვანე

màu nâu

ყავისფერი

màu xám

ნაცრისფერი

màu đen

შავი

đối lập
საპირისპიროები

nhiều / ít

ბევრი / ცოტა

tức tối / điềm tĩnh

გაბრაზებული / მშვიდი

xinh đẹp / xấu xí

ლამაზი / მახინჯი

bắt đầu / kết thúc

დასაწყისი / დასასრული

to / nhỏ

დიდი / პატარა

sáng / tối

ნათელი / მუქი

nh (em) trai / chị (em) gái

ძმა / და

sạch / bẩn

სუფთა / ჭუჭყიანი

đủ / thiếu

სრული / არასრული

ngày / đêm

დღე / ღამე

chết / sống

მკვდარი / ცოცხალი

rộng / chật hẹp

განიერი / ვიწრო

ăn được / không ăn được

საჭმელად ვარგისი /
საჭმელად უვარგისი

ác / tử tế

ბოროტი / კეთილი

hào hứng / chán nản

შთამბეჭდავი / მოსაწყენი

béo / gầy

სქელი / თხელი

đầu tiên / cuối cùng

პირველი / ბოლო

bạn / thù

მეგობარი / მტერი

đầy / rỗng

სრული / ცარიელი

cứng / mềm

მყარი / რბილი

nặng / nhẹ

მძიმე / მსუბუქი

đói / khát

მოშიებული / მწყურვალე

bệnh / khỏe mạnh

ავადმყოფი / ჯანმრთელი

bất hợp pháp / hợp pháp

არალეგალური /
ლეგალური

thông minh / ngu

ინტელექტუალი / სულელი

trái / phải

მარცხენა / მარჯვენა

gần / xa

ახლოს / შორს

mới / cũ

ახალი / გამოყენებული

không có gì cả / có cái gì đó

არაფერი / რაღაცა

già / trẻ

მოხუცი / ახალგაზრდა

bật / tắc

ჩართვა / გამორთვა

mở / đóng

ღია / დახურული

im lặng / ồn ào

ჩუმი / ხმამაღალი

giàu / nghèo

მდიდარი / ღარიბი

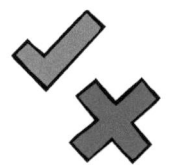

đúng / sai

მართალი / მტყვანი

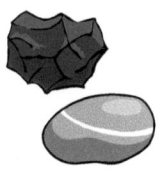

sần sùi / mịn màng

უხეში / გლუვი

buồn / vui

სევდიანი / ბედნიერი

ngắn / dài

მოკლე / გრძელი

chậm / nhanh

ნელი / სწრაფი

ẩm ướt / khô ráo

სველი / მშრალი

ấm áp / mát mẻ

თბილი / გრილი

chiến tranh / hòa bình

ომი / მშვიდობა

con số
რიცხვები

0 số không ნული	**1** một ერთი	**2** hai ორი
3 ba სამი	**4** bốn ოთხი	**5** năm ხუთი
6 sáu ექვსი	**7** bảy შვიდი	**8** tám რვა
9 chín ცხრა	**10** mười ათი	**11** mười một თერთმეტი

12

mười hai

თორმეტი

13

mười ba

ცამეტი

14

mười bốn

თოთხმეტი

15

mười lăm

თხუთმეტი

16

mười sáu

თექვსმეტი

17

mười bảy

ჩვიდმეტი

18

mười tám

თვრამეტი

19

mười chín

ცხრამეტი

20

hai mươi

ოცი

100

một trăm

ასი

1.000

một ngàn

ათასი

1.000.000

một triệu

მილიონი

các ngôn ngữ
ენები

tiếng Anh
ინგლისური

tiếng Anh Mỹ
ამერიკული ინგლისური

tiếng Quan Thoại
ჩინური მანდარინი

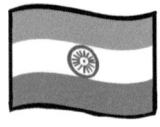

tiếng Hin-di
ჰინდი

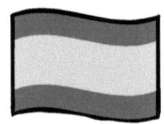

tiếng Tây Ban Nha
ესპანური

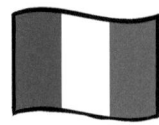

tiếng Pháp
ფრანგული

tiếng Ả-rập
არაბული

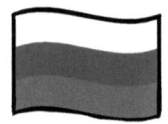

tiếng Nga
რუსული

tiếng Bồ Đào Nha
პორტუგალიური

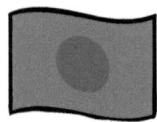

tiếng Bengal
ბენგალური

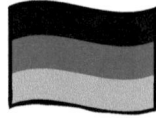

tiếng Đức
გერმანული

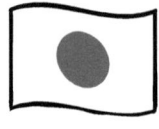

tiếng Nhật
იაპონური

tôi

მე

bạn

შენ

♂ ♀ ○

anh ta / cô ta / nó

ის / ის / იგი

chúng tôi

ჩვენ

các bạn

თქვენ

họ

ისინი

ai?

ვინ?

cái gì?

რა?

như thế nào?

როგორ?

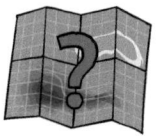

ở đâu?

სად?

lúc nào?

როდის?

HELLO, I AM

tên

სახელი

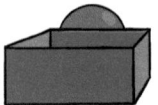

ở đâu

სად

phía sau

უკან

ở trong

შიგნით

phía trước

წინ

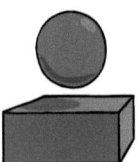

phía trên

ზედ

ở trên

=-ზე

ở dưới

ქვეშ

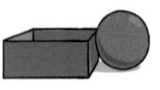

bên cạnh

გვერდით

ở giữa

შორის

chỗ

ადგილი